www.sielmann-stiftung.de

Alles Gute

Zwergdahlie

PETER BUTSCHKOW

ÜBERLEBEN ab SIEBZIG

LAPPAN

SAG MAL,

... warst du nicht gestern noch süße 69 – und nun bist du plötzlich siebzig Jahre alt?!
Unfassbar, wie die Zeit vergeht! Dabei spürst du doch noch das Kratzen deines Strampelhöschens und den Duft von Clearasil-Salbe auf deiner Gesichtshaut, mit der du immer deine Pubertätspickel abgedeckt hast. All das kommt dir vor wie gestern, aber gib zu, auf einmal hast du dieses seltsame Gefühl, dass du in die Jahre gekommen bist.

Signale gab es. Du hast deine Rollschuhe lange nicht mehr herausgeholt und in der Disco bist du lieber an der Bar als auf der Tanzfläche. Aber das hast du weniger als Schwäche, als vielmehr als Faulheit empfunden.
Wenn du mich fragst, ob das normal ist, antworte ich: „Ja!" Das ist alles völlig okay, mach dir keine Gedanken, genieß dein Leben und lass es vertrauensvoll Regie führen, es macht mit dir sowieso, was es will.
Solchermaßen erleuchtet, spürst du nun den funkelnden Schatz deiner Lebensjahre noch intensiver?
Und die unglaubliche Arbeit, die der Autor sich machte, um dir eine annähernd gemäße, humorvolle Würdigung in Form dieses Buches zuteil werden zu lassen?
Verzeih, dass es aus technischen Gründen keine 70, sondern nur 64 Seiten hat, dafür ist es leichter. Schwer tragen hat der Arzt dir sowieso verboten.
Also, nimm 's leicht und mit Humor.

Herzlichen Glückwunsch!

Peter Butschkow

INHALT

DEADLINE 7

FRÜHER UND HEUTE – MÄNNER 12

FAKE NEWS 15

ALTE ZEITEN, TOLLE ZEITEN – EINE HYMNE 17

FRÜHER UND HEUTE – FRAUEN 30

UNGLAUBLICH! 32

WEISST DU EIGENTLICH, DASS 35

SHOWTIME 37

70 + 30 = 100! 43

FRAGEN AN DEN EXPERTEN 45

WITZIG 48

PRETTY THINGS 50

HÖRT, HÖRT! 58

HABEN SIE GELACHT? 61

DEADLINE

DAS LEBEN IST das älteste Programm, das jemals für Menschen geschrieben wurde, und läuft stur nach Plan B: Es beginnt immer mit dem Befruchtungsakt (Zeugung) und endet mit einer Beerdigung (Tod). Dazwischen lässt es den Menschen wachsen und reifen, lässt ihn essen und trinken, sitzen und laufen, schweigen und reden, werkeln und wurschteln, Großes oder Kleines oder auch gar nichts vollbringen. Gelegentlich bietet das Leben ein neues Update an, das sich der Mensch freiwillig herunterladen kann, in der Regel geht es um erhöhte Sicherheit. Die meisten nutzen dieses Angebot und wählen krisenfeste Berufe oder ebensolche Partner/innen. Da es solche in unserer unsteten Zeit immer weniger gibt, geht es auf unserer Erde ziemlich lebendig zu. Menschen fliegen beruflich oder privat auf andere Kontinente und kommen mit vollen Auftragsbüchern oder andersfarbigen Partnern/Partnerinnen zurück nach Hause. Die Welt wird bunter, aber auch täglich älter. Sie hat schon einige Milliönchen Jahre auf dem Buckel und sieht doch immer noch, abgesehen von der neuerlichen Neigung zu aufsteigender Hitze und trockener Haut, ganz gut aus. Ganz anders der Mensch. Ihm sind leider keine Millionen Jahre vergönnt, was ja ehrlich gesagt auch eine Katastrophe wäre. Man stelle sich nur mal vor, man müsste Lothar Matthäus oder Dieter Bohlen Millionen Jahre lang ertragen? Exakt dafür hat die Religion den Begriff „Hölle" erfunden.

Der unumstößliche Faktor „Alter" macht dem Menschen allerdings ordentlich zu schaffen, es fällt ihm wahnsinnig schwer, diesen biologischen Prozess zu akzeptieren. Schon das Wort „Alter" ist für viele Menschen wie ein böser Fluch. Als „alt" wird schließlich keiner gerne bezeichnet. So behilft man sich ersatzweise z. B. mit dem drolligen Wort „Oldies" oder schelmisch mit „Apothekies". Aber mal ehrlich, wer trennt sich schon freiwillig von seinen eigenen Zähnen und Haaren, von faltenloser Haut und strammen Brüsten oder einer knackigen Gesäßmuskulatur? „Frisch" und „neu" sind schließlich die dominierenden Zauberworte in unserer Ernährungs- und Produktkultur, „alt" und „von gestern" landen flugs im Mülleimer oder Sperrmüll. Und da will kein Mensch wirklich gerne hin. Eine gigantische Industrie hat das erkannt und sich mit Haut und Haaren dem Stopp, zumindest aber der Linderung dieses Prozesses gewidmet. Pharma- und Kosmetikkonzerne bieten Pillen, Spritzen, Salben und Wässerchen an und verdienen sich damit dumm und dämlich. Eine Heerschar von Schönheitschirurgen macht aus Hakennasen Stupsnäschen und zieht schlaffes Gewebe wieder hoch. Teilweise sieht man solcherart präparierte und imprägnierte Menschen anschließend in einer Schar Skater oder Hipster mit vollen Tüten aus Boutiquen treten.

Kurz und gut, der Mensch sieht offenbar mit den Jahren das Ende seines Lebens kommen, aber anstatt es als Erlösung von abartig minderwertigen TV-Programmen, Internet-Terror, öden Politikerphrasen und Post vom Finanzamt zu verstehen und sich auf das Himmelreich zu freuen, dem Paradies des ewigen Seins, frei von hirnlosen Fake News und schmerzhaftem Gelaber, angefüllt

mit den Schönheiten des wirklich Wahrhaftigen, mit Jungfrauen und Jungmännern, blühenden Gärten und sprudelnden Quellen, betörenden Düften und brechend vollen Buffets – all inclusive, versteht sich – strampelt er verzweifelt wie ein Käfer im Treibsand gegen den Sog des Unausweichlichen an. Doch dies ist schließlich keine Grabrede, sondern ein lebensfrohes (und verdammt preiswertes) Buch mit dem kostbarsten Elixier des Lebens: Humor! Und der erlösenden Erkenntnis von Glück und Zufriedenheit in der späten Blüte des Lebens – auch wenn man die hundert Meter nicht mehr in zehn Sekunden läuft und beim Sex am liebsten gemütlich unten liegt. Du lebst! Noch liegen wundervolle Jahrzehnte vor dir, zugleich badest du in der warmen Lauge wundervoller Erinnerungen, ganz befreit vom kranken Ehrgeiz der jungen Jahre, vom unbändigen Willen der Beste zu sein, von der Jagd nach äußerlichen Werten, deren Rostanfälligkeit du bald schon begriffen hast. Vorbei die Hatz nach der Frau oder dem Mann deines Lebens, die oder der sich rasch als große Enttäuschung entpuppte. Auch Brad Pitt oder Nicole Kidman haben Mundgeruch und leiden unter unkontrollierten Blähungen. Also, bitte. So hast du allen Grund glücklich und stolz auf deine siebzig Jahre zu sein, auch wenn der Rücken zwickt und die Knie knacken und die Cholesterinwerte verrückt spielen. Pfeif drauf! Genieß den Reichtum deiner Lebenserfahrung, den dir selbst der listigste Dieb nicht mehr stehlen kann und wenn dich eine übermütige Bande Jugendlicher auf der Straße anfrotzelt: „Zum Friedhof an der nächsten Kreuzung rechts", dann antwortest du ihnen in zeitgemäßer Höflichkeit: „Fickt euch, ihr haarlosen Facebook-Zombies!"

FRÜHER UND HEUTE

MÄNNER

Rapunzel lässt für dich ihr Haar herunter.
Früher: Du kletterst flugs daran hoch.

Heute: Du fragst nach 'm Fahrstuhl.

Einer attraktiven Frau fällt auf dem Gehweg vor dir der Lippenstift aus der Handtasche.
Früher: Du wirfst dich sofort auf den Boden, um ihn für sie aufzuheben.

Heute: Du zeigst sie wegen Umweltverschmutzung an.

Du kommst an einem Ärztezentrum vorbei.
Früher: Du sprayst „Joint im Mund macht Tag gesund" an die Eingangstür.

Heute: Du gehst sofort rein und buchst „all inclusive".

Du möchtest wissen, wer du bist.
Früher: Du gehst zum Psychologen.

Heute: Du machst 'n Selfie.

Vor deiner Wohnungstür stehen die Zeugen Jehovas.
Früher: Du holst deine Schreckschusspistole.

Heute: Du holst deinen Taufschein raus.

Auf der Autobahn bedrängt dich auf der Überholspur ein Audi-Fahrer.
Früher: Du wirfst Nägel aus dem Fenster.

Heute: Du wedelst fröhlich mit deinem Heckscheibenwischer.

Ein guter Freund besiegt dich im Tischtennis.

Früher: Du beendest die Freundschaft.

Heute: Du hältst den Ball flach.

Auf einem Kostümfest bittet dich eine schöne Frau, deine Maske abzunehmen.

Früher: Du erfüllst ihr den Wunsch.

Heute: Du fragst: „Welche Maske?"

Ein dich wahnsinnig liebendes Weib möchte ein Kind von dir.

Früher: Du stehst ausschließlich für die Zeugung zur Verfügung.

Heute: Du schenkst ihr einen Hund.

Du wachst nachts dreimal auf.

Früher: Du brauchst Sex.

Heute: Du musst pullern.

Deine Frau findet einen fremden BH in deinem Auto.

Früher: Du erklärst ihr, das sei ein Ersatz-Keilriemen.

Heute: Du fährst zum Altkleidercontainer.

Am Strand bittet dich eine bildhübsche Frau ihr den Rücken einzucremen.

Früher: Du bietest ihr eine Komplettbehandlung an.

Heute: Du hasst fettige Hände.

Die schädlichen Einflüsse unserer entarteten Medienkultur prägen die Sprache der heutigen Jugend. Der gütige, lebenserfahrene Mensch weiß: Gleich eine vor die Fresse!

▪▪▪ FAKE NEWS ▪▪▪

IGGY POP (70), der „Godfather of Punk", grundsätzlich mit freiem Oberkörper unterwegs, hat das Modelabel BODDY gegründet, mit dem er weltweit nackte Oberkörper verkaufen will.

▪▪▪

GÜNTER NETZER (73), ehemaliger Fußballprofi, hat sich den Kopf kahl scheren lassen. Anlass war eine verlorene Wette. Seine alte Frisur steht jetzt im Prinz- Eisenherz-Museum.

▪▪▪

REINHARD MEY (74), deutscher Musiker und Liedermacher, will den Rest seines Lebens in einem Ballonhaus über den Wolken leben. Die Genehmigung der Deutschen Luftfahrtbehörde steht allerdings noch aus.

▪▪▪

MICK JAGGER (74), Sänger der Rolling Stones, will seinen langjährigen Kumpel Keith Richards heiraten. Die Hochzeit soll in der Hall of Fame stattfinden.

▪▪▪

REINHOLD MESSNER (73), Extrembergsteiger, will im Himalaya-Gebirge Yeti-Fallen aufstellen und die gefangenen Yetis zu Bergführern ausbilden.

▪▪▪

PETER MAFFAY (?), ewig junger, alter deutscher Rocksänger, will in der nächsten Staffel von „Game of Thrones" den Drachenvater Tabaluga spielen.

▪▪▪

HEINER „KRABBE" HANSEN (71), ehemaliger Fußballspieler beim FC-Rote Anna, will die nächste Fußball-WM nach Helgoland bringen. Für den Bau der Sportstätten soll die Insel gesprengt werden.

ALTE ZEITEN, TOLLE ZEITEN – EINE HYMNE

VOR SIEBZIG JAHREN wurdest du in eine Welt geboren, die sich immer noch die Wunden des Krieges leckte. In Ruinen gespielt, Hopsefelder auf den Bürgersteig gemalt und auf der Straße Fußball gekickt. Die paar Autos, die auf ihr fuhren, hießen Käfer, Lloyd oder Isetta, hatten dickes Blech und dünne Reifen – und ein Herz für spielende Kinder. Der Käfer war so laut, dass man ihn schon von Weitem hörte, der Lloyd so hässlich, dass man ihn schon von Weitem sah und die Isetta war so klein, dass man am liebsten mit ihr spielen wollte. Mercedes gab es auch schon, ihn fuhren die „Neureichen", erfolgreiche Unternehmer, Ärzte oder Apotheker, die den Kaufpreis noch in sauberen Scheinen bar auf den Tisch legten und nicht über eine Bank in Panama finanzierten.

Es gab noch reichlich Parkplätze und weder Parkuhren noch lauernde Politessen. Straßenbahnen durchkreuzten die Stadt und brachten jeden dorthin, wo er wollte. In Berlin fuhren zusätzlich Doppeldeckerbusse mit offenem Hintereingang, sodass man im sportlichen Sprint noch draufspringen konnte, wenn man sich mal verspätet hatte. Es gab noch „Schaffner", leibhaftige Menschen mit einer Kombination aus Schaffnertasche und Münzwechsler um den Hals, die täglich Hunderte Mal energisch, aber freundlich „Zobidde, die Fascheine, bidde!" riefen und einen auf Wunsch sogar an der richtigen Haltestelle weckten, wenn man sie vorher darum bat. Bei Fernverbindungen hielten die Züge auf einem bundesweit optimalen Schienennetz an jeder Milchkanne. Wenn man Glück hatte, erwischte man eine der letzten aktiven Dampfloks und fühlte sich wie im Wilden Westen.

Seine Lebensmittel kaufte man im Kaufmannsladen, seine Mode im Kleiderladen, sein Werkzeug im Eisenwarenladen, seine Kosmetik im Seifenladen oder, wenn man wollte, ging man auf den Markt, wo alle Händler einmal die Woche versammelt waren. Sie notierten den Einkauf des Kunden mit einem dicken Bleistift geschwind untereinander auf einem Zettelblock und rechneten ihn im eigenen Kopf in gleicher Geschwindigkeit fehlerfrei zusammen. Im Hauptberuf waren alle Händler eigentlich Psychologen und Therapeuten, die sich geduldig und einfühlsam die Sorgen und Nöte ihrer Kunden anhörten, sodass die anschließend, mit schwer gefüllten Einkaufsnetzen wohl schwitzend, aber erleichterten Herzens, die Stände oder Geschäfte verließen.

Pakete und Briefe brachte man zur braven Post, sein Geld zur treuen Bank. Heute ist das Postamt eine Rarität und die Bank eine Brutstätte krimineller Geschäftspraktiken. Es gab überall gemütliche Kneipen, in denen man als Kind frische Brause vom Fass und Vater sein Bier kaufen konnte. Bierkutscher mit zwei stämmigen Kaltblütern vor dem Wagen belieferten die Gaststätten und stießen nach jeder Lieferung mit dem Wirt oder der Wirtin auf die gemeinsame Gesundheit an. Trunkenheit am

Zügel war noch nicht strafbar und geblitzt wurde man nur beim Fotografen. Biermarken konnte man noch am unterschiedlichen Geschmack erkennen und „Fastfood" hieß „Currywurst", „Schaschlik" oder „Broiler" und man aß es im Stehen in der Bude an der Ecke. Es gab so viel Arbeit, dass die Bevölkerung sie alleine nicht mehr schaffte. Die Unternehmen buhlten um „Gastarbeiter" und neue Lehrlinge trug man auf Händen zum Ausbildungsplatz. Der erste Bundespräsident, ein gemütlicher Schwabe, hieß „Papa Heuss", sein Nachfolger stammte aus dem Sauerland, hieß Heinrich Lübke und würde für seine schusseligen Reden heute den Deutschen Comedy-Preis erhalten. Drüben in der DDR amüsierte der Staatsratsvorsitzende Erich Honecker seine Arbeiter und Bauern mit seiner „Sosalüscheschen Einheispartei Deuschlans".

Es gab eine überschaubare Anzahl von Zeitschriften und Magazinen, für die ein kleiner Kiosk reichte, und einmal im Monat empörte der Playboy mit nackten Frauenbildern die Damenwelt und die EMMA mit einem neuen Frauenbild die männliche Bevölkerung. Fältchen und Cellulitis entfernten noch kunstfertige Retuscheure mit Pinsel und Eiweiß-Lasurfarben und keine Schönheitschirurgen und Brüste waren noch aus organischem Gewebe und nicht aus Silikon. Die Zigarette war noch nicht ein Produkt des Satans, sondern stand für Lebensfreude. Mit Peter Stuyvesant rauchte man sich durch die schöne weite Welt, mit Marlboro trieb man Rinderherden über saftige Prärien, mit der Camel krönte man gelungenen Sex und mit einer Roth-Händle beruhigte man sich während politischer Diskussionen. Auch in den Kinofilmen wurde geraucht, bis sich die Leinwand gelb färbte. Jeder neue Hollywoodfilm löste im Volk fieberhafte Erwartung aus und manche Produktionen verließen die Filmtheater oft erst nach vielen Monaten, bis alle sie, manche sogar mehrfach, gesehen hatten. Liebende liebten sich diskret, Mörder mordeten versteckt und Monster schockten aus Pappe. Katastrophen trickste man in der Badewanne oder bastelte sie mit dem Modellbaukasten. Ganoven flogen noch in ihrem Auto über die Straße und nicht durch die Luft. Den deutschen Stuntman kannte man noch mit Namen, er hieß Arnim Dahl und nannte sich „Klettermaxe". Seinen PKW musste man noch mit eigener Hand in eine Parklücke lenken und wenn er mal stehenblieb, konnte man sich selber helfen und musste nicht einen Software-Spezialisten einfliegen lassen.

Es gab die ersten Fernseher von Saba, Grundig oder Nordmende, kleine bullige Kisten, die nur schwarzweiße Bilder und drei Programme übertrugen. Kein Sender hätte es gewagt, Spielfilme durch Werbespots zu unterbrechen und wer nach Mitternacht noch weiterglotzen wollte, musste mit dem Standbild vorliebnehmen. Hans-Joachim Kulenkampff und Peter Frankenfeld hießen die Superstars der Samstagabend-Unterhaltung, ihre Einschaltquoten waren paradiesisch. Staffeln hießen noch „Dreiteiler" und sorgten bei ihrer Ausstrahlung bundesweit für leere Straßen. Das Dschungelcamp lag in Deutschland und nannte sich „Schwarzwaldklinik", in der aß man Maultaschen und keine Würmer oder Kakerlaken. Comedians hießen Ulknudeln oder Witzbolde und die berühmtesten von ihnen: Heinz Erhardt und Loriot.

Sie brachten mit putzigen Gedichten oder einer Nudel im Gesicht die Lachmuskulatur der gesamten Bevölkerung zum Bersten. Aus England kam der Komiker Freddie Frinton mit einem Sketch, in dem er sich maßlos Alkohol einschenkte und ständig über ein Bärenfell stolperte. Das deutsche Silvesterfernsehen zehrt bis heute davon.

Aus dem Transistorradio schickten Piratensender dann Musik in den Äther, die aus einer anderen Galaxis kam. Die außerirdischen Songs stammten von Elvis und den Beatles und trafen die Jugend im Epizentrum ihres Seins. In den Plattenläden erschienen sie auf Langspielplatten und konnte man eine davon ergattern, fühlte sich das wie Geburtstag, Weihnachten und Ostern zusammen an. Radio Bremen sendete den Beat-Club über die Fernsehschirme, wo das jugendliche Publikum den Rock 'n' Roll-Superstars dieser Welt am Hosenbein zupfen konnte. Um der spießigen Gesellschaft da draußen seine Verachtung zu demonstrieren, ging man einfach nicht mehr zum Frisör oder in Turnschuhen auf die Straße. Die Mädchen kürzten ihre Röcke und warfen ihre BHs in den Mülleimer. Das schlug ein wie eine Bombe, der brave Bundesbürger sah die Welt untergehen. Als endgültige Vollstrecker kamen die 68er und schissen auf Konventionen und in deutsche Gerichtssäle, priesen Marx, Mao und die freie Liebe, baggerten das Spießertum und den Kleingeist beiseite und den folgenden Generationen damit den Weg frei. Es gab kein Aids, es gab Sex. Ein Jahr später zersägte Jimi Hendrix mit seiner Gitarre in Woodstock die amerikanische Nationalhymne und der verhasste Vietnamkrieg war noch

ein ordentlicher Scheiß-Krieg und nicht geisteskranker Selbstmord-Terror im unschuldigen Alltagsleben.

Sport war noch Ehrensache und kein perverses Milliardengeschäft, die Superstars im Fußball hießen Fritz Walter und Uwe Seeler. Mit deren Einkünften von damals würden sich Messi und Ronaldo heute ihre Hintern abwischen. Körperhaare galten noch als naturgegeben und nicht als Anomalie. In deiner Kleidung bist du noch nicht mit dem Logo des Herstellers als missbrauchter Werbeträger herumgelaufen und XXL war noch die römische Zahl 30 und nicht der tägliche Superlativ einer größenwahnsinnigen Konsumindustrie. An den Häuserwänden prangten keine Spraydosen-Exzesse, sondern gynäkologisch korrekte Kreidezeichnungen. Man sagte im Streit nicht „fick dich", sondern „scher dich davon". Service hing noch vom täglichen Befinden der Fachleute ab und bei Problemen im Haus kam ein solider Handwerker und kein Kompetenzteam. Bei Beschwerden telefonierte man mit Menschen und nicht mit Computerstimmen; Warteschleifen kannte man ausschließlich vom Flugzeug. In Möbelhäusern wurde man von wildfremden Menschen nicht einfach geduzt und deine private Post las heimlich der Briefträger, nicht der BND, der KGB oder die NSA.

Und nun, alle jungen Menschen, jetzt mal festhalten: Es gab keine I-Pads, I-Pods oder I-Phones. „Handys" hatten nur kleine Kinder und da durfte man „nie draufschlagen, die zerbrechen dann" – so sang Bettina Wegner in einem Lied, das sogar in die Hitparade kam. Wenn man mit jemandem telefonieren wollte, ging man an ein fest installiertes Telefon mit Kabel. Nie im Leben wäre man auf die Idee gekommen, dieses Teil aus der Dose zu ziehen und mit in den Urlaub zu nehmen, Berufs- und Privatleben waren strikt getrennt. SMS war noch eine sexuelle Spielform und kein Kurznachrichtenterror. Schwachsinn erzählte man sich am Stammtisch und nicht in weltweit öffentlichen Netzwerken. Wer jemanden verleumdete, musste dafür geradestehen und auf der Straße schauten sich die Menschen noch ins Gesicht und nicht wie ein Esel auf eine elektronische Möhre.

Aus dem Paradies der Erinnerungen kann dich keiner vertreiben! Wenn das nicht dein größtes Geburtstagsgeschenk ist ...

FRÜHER UND HEUTE

FRAUEN

Dein Horoskop prophezeit dir stilles Glück.
Früher: Du bist voller Erwartung.

Heute: Du freust dich, wenn dein Mann mal nicht schnarcht.

Eine Freundin schenkt dir eine Eintrittskarte für ein Tom-Jones-Konzert.
Früher: Du nimmst Höschen zum Werfen mit.

Heute: Du gehst lieber ohne Brille hin.

Dein Liebling will mit dir ins Grüne.
Früher: Du packst den Picknickkorb.

Heute: Dein Hund muss kacken.

Eine Frau bettelt dich auf der Straße nach Geld an.
Früher: Du schenkst ihr dein Mundspray.

Heute: Du zeigst ihr deinen jämmerlichen Rentenbescheid.

Vor deinem Fenster sitzt ein bildhübscher Prinz auf einem weißen Pferd.
Früher: Du bist in zehn Sekunden unten.

Heute: Du wirfst etwas Heu aus dem Fenster.

Du hörst nachts in deiner Wohnung merkwürdige Geräusche.

Früher: **Du versteckst dich im Kleiderschrank.**

Heute: **Du weckst deine Katze.**

Im Flugzeug sitzt du zufällig neben Boris Becker.

Früher: **Du spielst mit deinem Augenaufschlag.**

Heute: **Du zeigst ihm stolz dein Roger-Federer-Autogramm.**

Dein Mann schenkt dir Rosen.

Früher: **Du möchtest wissen, was er angestellt hat.**

Heute: **Du schickst ihn zum Arzt.**

Im Schwimmbad verliert ein Mann beim Kopfsprung seine Badehose.

Früher: **Du leistest sofort Erste Hilfe.**

Heute: **Du leihst ihm deine Badehaube.**

Bei einer Vernissage spricht dich der Künstler an.

Früher: **Du willst dich von ihm nackt malen lassen.**

Heute: **Du weigerst dich, ihm Geld zu leihen.**

Du hast am Bauch zugenommen.

Früher: **Du bist schwanger.**

Heute: **Du meldest dich zum Bauchtanz-Kurs an.**

In deiner Gegenwart steckt sich jemand eine Zigarette an.

Früher: **Du dir auch.**

Heute: **Du holst den Feuerlöscher.**

UNGLAUBLICH!

IM ALTER JÜNGER zu sein, das wünscht sich jeder. Ingo ist so einer, der will einfach ums Verrecken nicht so alt sein, wie er ist. Er ist lebensfroh, lacht und bewegt sich gern. Ingo ist biologisch siebzig, optisch jedoch mindestens zehn Jahre jünger.

Das ist den Jungen auch aufgefallen. Ingo gibt ihnen die Hoffnung, dass man im Alter nicht zwangsläufig alt sein muss. Wenn Ingo anwesend ist und Freunde kommen, die ihn noch nicht kennen, dann sind sie immer ganz stolz auf ihren Ingo und bitten ihn: „Ingo! Steh doch mal auf und geh zum Fenster!"

Ingo erhebt sich dann und tut wie ihm geheißen. „So, nun beug dich mal raus und schau nach rechts und links." Ingo tut's. „Ist das nicht der Wahnsinn, wie der sich noch bewegen kann?", fragen sie ihre Freunde.

Die sind zumeist verwirrt: „Äh, was meint ihr?"

„Na, wie alt schätzt ihr den denn?", legen sie vergnügt nach.

„Hm, so Mitte/Ende fünfzig?", antworten die.

„Siebzig!", brüllen die Jungen dann im Chor.

„Nein!"

„Doch! Ihr müsst mal sehen, wie schräg Ingo noch tanzen kann. Ingo, tanz mal." Und Ingo tanzt.

„Der Hammer", sagen die Freunde dann.

„Ingo, erzähl mal von damals", bitten sie ihn, und Ingo erzählt vom ersten Rolling-Stones-Konzert in der Berliner Waldbühne.

Danach wollen alle am liebsten so jung sein wie der alte Ingo und die Freunde fragen, ob sie sich Ingo vielleicht mal für ihre nächste Ü30-Party ausleihen könnten. Aber sie geben ihren Ingo nicht her und sagen: „Sucht euch doch gefälligst euren eigenen Ingo."

WEISST DU EIGENTLICH, DASS ...

... **Theodor Fontane** seine berühmte „Effi Briest" im Alter von 70 Jahren begonnen hat?

... das **Gen FOXO3A** für das Erreichen eines hohen Alters eine große Rolle spielt?

... sich über 70 Jahre alte Menschen im Schnitt 13 Jahre **jünger fühlen?**

... 70-Jährige in ihrem Leben sechs Jahre oder 150.000 Stunden **verträumt** haben? Die meisten von ihnen von ihrer Arbeit.

... die Grau- oder Weißfärbung der **Haare** im Alter durch eine zunehmende Konzentration von Wasserstoffperoxid im Körper ausgelöst wird?

... trotz Gedächtnislücken **alte Hirne** besser arbeiten als junge?

... der japanische Bergsteiger **Takao Arayama** im Jahre 2005 im Alter von 70 Jahren den Mount Everest bestiegen hat?

Hallo, Oldfacebookfreunde!
Helft Robert, seinen
siebzigsten Geburtstag
zu feiern!

SHOWTIME

DIE EINLADUNG VON Bobby lautete sinngemäß: „Würde mich freuen, nächsten Samstag, zu meinem siebzigsten Geburtstag, kleines Fest, in unserem Garten, für Essen und Trinken ist gesorgt, bringt gute Laune mit." Kein Problem, umsonst essen und trinken bewirkt bei mir automatisch gute Laune, also gingen meine gute Laune und ich am Samstag zu Bobby – und wir waren keineswegs alleine; der Garten war rappelvoll mit Gästen, von denen ich viele kannte. Bobby wirkte aufgekratzt und hielt eine kurze Rede, in der er, auch im Namen seiner Frau, die Gäste begrüßte und zum Ausdruck brachte, wie rasend schnell die Zeit doch vergangen sei. Er redete über Vergänglichkeit und Freundschaften und wie schön es doch sei, wieder mal zusammenzukommen und zu feiern. Er hätte anfänglich, wegen der stattlichen Zahl 70, mit dem Entschluss ein Fest zu veranstalten ein wenig gerungen, sich dann aber dazu entschlossen und sei nun glücklich, dass trotz des kurzfristig anberaumten Termins so viele seiner Einladung gefolgt seien. Dann eröffnete er das Buffet mit der Aufforderung: „Nehmt euch, seid so gut!"

„Gut" zu sein fällt mir nicht schwer, das braucht man mir nicht zweimal zu sagen. Ich nahm also von allem Guten gut, soll heißen: reichlich. Irgendwann war ich richtig satt und der Alkohol wärmte mir wohlig meine Sinne. Ich gesellte mich launig zu diesem oder jenem Grüppchen von Gästen, warf gelungene Bonmots in ihre

Gespräche und sprach den Frauen Komplimente aus, bis ihnen das Blut in die Köpfe schoss.

Als ich zur Toilette schlenderte, stand in der Eingangstür, breitbeinig wie ein Türsteher, ein männlicher Festteilnehmer, der, als ich ihm auf seine sehr energische Frage, wohin ich denn wolle, „Klo!" antwortete, mich freundlich zwinkernd passieren ließ. Auf meine Gegenfrage, was der Grund seines Wachdienstes sei, erklärte er mir, er passe auf, dass Bobby nicht hereinkäme. „Witzig", sagte ich und klopfte ihm jovial auf die Schulter. Im Flur stieß ich auf Bobbys Ex, eine lebenslustige Frau, die mit einem Manuskript auf und ab ging und dabei vor sich hinmurmelte. Auf meine Frage: „Alles okay, Katja?", antwortete sie erheitert: „Aber ja. Ich übe nur noch ein wenig." Sie wolle in Kürze vor der Geburtstagsgesellschaft ein kleines, selbst gereimtes Gedicht vortragen, das sie extra für Bobby geschrieben habe. Sie sei sehr nervös. Ich sprach ihr Mut zu und fragte: „Soll ich dich abfragen?" Sie war entzückt und fragte mich: „Das würdest du tun?" „Sehr gerne", flötete ich in zeitgemäßer Höflichkeit und legte noch einen drauf: „Sehr, sehr gerne."

Wir übten auf ihren Wunsch einige kritische Passagen, bis ich den Eindruck hatte, sie fühlte sich sicher. Bei der Zeile „Charakterlich als Fels gebaut, hat Bobby selten was versaut", sagte sie allerdings hartnäckig immer wieder „charakterlich als Mensch versaut", was vermutlich mit ihrer damaligen Scheidung von Bobby, die ziemlich hässlich über die Bühne gegangen war, im Zusammenhang stand.

Irgendwann hatte sie es endlich drauf, wobei ich ihre erste Version nicht unbedingt gelungen fand, allein schon, weil auch ich Bobbys charakterliche Werte nicht in diesem ausufernden Ausmaß gepriesen hätte – er schuldete mir nämlich seit Ewigkeiten eine größere Summe Geld –, verkniff es mir aber an ihrem großartigen Poem herumzumäkeln. Gerade wollte ich die Badezimmertür öffnen, da vernahm ich aus dem gegenüberliegenden Wohnraum Stimmen. Neugierig öffnete ich die Tür einen Spalt und traute meinen Augen nicht. Mitten in dem großen, abgedunkelten Raum stand hoch bis an die Zimmerdecke ein riesiges Objekt aus Pappmaschee, das Bobby erstaunlich ähnlich sah. „Pscht", zischte Beate, eine Arbeitskollegin von Bobby, und zog mich rasch ins Zimmer. „Überraschung", raunte sie mir ins Ohr.

„Der Wahnsinn", flüsterte ich und starrte beeindruckt auf das Monster aus Pappe.

„Bobby, quasi als trojanisches Pferd", sagte sie, „stell dir vor, wir passen alle rein."

„Ihr seid vielleicht verrückt. Bekommt ihr das Riesending denn überhaupt aus dem Zimmer?", fragte ich noch völlig benommen.

„Na klar, durch die Terrassentür", sagte sie.

„Pfiffig, pfiffig", attestierte ich ihr. „Bobbys Nase ist ja besonders gut getroffen", gluckste ich, „was für ein Riesenkolben." Beate kicherte. „Warst du denn schon im ersten Stock?" Ich verneinte. „Na, dann geh' mal heimlich hoch", sagte sie und grinste mich an. Ich ließ mich nicht zweimal bitten. Sie schob mich sanft raus und zog die Tür leise hinter mir zu. Geduckt schlich ich mich die Treppe zum ersten Stockwerk hoch. Von draußen klang das dröhnende Lachen Bobbys. So lachte er immer, wenn er einen verdorbenen Witz erzählte. Na, dir wird das

Lachen noch vergehen, dachte ich feixend. Oben angekommen, hörte ich Stimmen aus dem Schlafzimmer, öffnete vorsichtig die Tür – und erstarrte. Ich stand vor einer gewaltigen Abschussrampe einer mit riesiger „70" bemalten Rakete. Über ihr war das Dach partiell geöffnet, man konnte den Himmel sehen. Ich stotterte: „W-w-was ist das denn?" „Herberts Geburtstagsrakete", sagte ein Typ in einem weißen Kittel leise, der augenscheinlich Ahnung von Raketentechnik hatte, denn er tippte geschickt auf einem Laptop herum und ließ Unmengen von Daten über den Bildschirm rollen: „... öffnet sich in hundert Metern Höhe und streut Unmengen roter Herzen über dem Haus aus."

„So was von irre", stöhnte ich. „War 'ne ganz schöne Arbeit dafür das Dach zu öffnen. Musste ja schnell und vor allem leise gehen, Herbert durfte doch nichts merken." „Ich glaub es nicht", stammelte ich.

„Das ist noch gar nichts, nebenan warten siebzig weiße Schwäne darauf, dass sie im richtigen Moment freigelassen werden. Und du? Hm? Was hast du für Herbert vorbereitet?", fragte er mich.

„Ich?! Äh ... ich, ähm ... hab ihm eine Flasche seines Lieblingsgrappas mitgebracht. Auf das Etikett hab' ich eine goldene Siebzig geklebt", sagte ich leicht verlegen.

Es riss ihn fast um. „Mann, das is' ja der absolute Knaller! Wie irre ist das denn?

Ein Etikett mit seiner Geburtstagszahl?" Er konnte es gar nicht fassen und kriegte sich überhaupt nicht mehr ein.

„Mein Gott", sagte ich lässig, „für einen guten Freund muss man sich halt auch mal was ganz Besonderes einfallen lassen."

70 + 30 = 100!

Ex-Bundespräsident Heinrich Lübke gratulierte Mitte der Sechziger rund zweihundert Deutschen zum **100**. Geburtstag mit einem persönlichen Schreiben. Zwanzig Jahre später kamen unter Richard von Weizäcker schon zehnmal so viele Bundesbürger zu Ehren. Johannes Rau kapitulierte beim Stand von fünftausend. Rechnet man den Trend hoch, könnte sich diese Zahl in den nächsten vierzig Jahren verzehnfachen …

Gerhard Finke, **100**, Maler aus Berlin, sucht eine neue Freundin. Seine Herzensdame sollte älter als 90 Jahre sein. „Nach oben ist alles offen", sagt er. Eine Dame, „die noch Lebenslust hat und in deren Falten sich ein ganzes Leben spiegelt", fände er „hinreißend".

„Wenn ich gewusst hätte, dass ich so lange lebe", jammerte der amerikanische Entertainer und Oscarpreisträger George Burns, der am Tag bis zu 15 Zigarren paffte und trotzdem **100** Jahre alt wurde, „hätte ich besser auf mich aufgepasst."

Das Rezept für ein langes Leben ist laut der **100**-jährigen Catharina Becker aus Husum: „Stress vermeiden und das Leben genießen – und nie den Humor vergessen. Lachen kost' ja nix."

Fragen an den EXPERTEN

Marina M. (70): „Eine alte Freundin riet mir zu einer Pflegeversicherung. Ich bin empört! Gerade sie muss mir was von Hygiene erzählen. Badet nur einmal die Woche und trägt ihre Kleider immer bis zur Schmutzgrenze. Wie verhalte ich mich?

Experte (Ü70): Sauber.

....

Timo C. (9): „Gibt es im Himmel WLAN?"

Experte (Ü70): Aber ja, kleiner Timo. Hier schon mal das Passwort: Omygod.

....

Roland F. (72): „Neuerdings spüre ich, wenn ich im Sommer mein Klavier in den Garten trage, mein rechtes Knie. Was will es mir sagen?"

Experte (Ü70): Viel Spaß im Garten und spiel schön.

....

Werner U. (71): „Gestern sagte in der S-Bahn ein ungepflegter junger Mann zu mir: „Mach mal Platz, Alter!" Woher wusste der, dass ich älter bin?

Experte (Ü70): Vielleicht an deinem T-Shirt mit der großen 70 drauf?

Brigitte J. (70): „Bei der Sichtung meines Kleiderschranks stellte ich fest: Mir passt mein Minirock von damals nicht mehr. Ich bin ganz verzweifelt."

Experte (Ü70): Besser is', Gittchen.

· ·

Renate M. (70): „Ich fand Briefe meines Mannes, in denen er mir den Himmel auf Erden versprach. Sollte ich ihn mal darauf ansprechen?"

Experte (Ü70): Unbedingt, bevor die Anspruchsfrist abläuft.

· ·

Tina D. (70): „In meiner Gymnastikgruppe gibt eine immer damit an, dass sie eine Minute auf einem Bein stehen kann. Wie kann ich das unterbinden?

Experte (Ü70): Schubsen.

· ·

Elias K. (70): „Die Schäfchen, die ich abends vor dem Einschlafen zähle, werden immer dicker. Hat das was mit deren Alter zu tun?"

Experte (Ü70): Määääääh

· ·

HUMOR IM ALTER

WITZIG

FRANK HABE ICH lange nicht mehr gesehen, ihn aber sofort wiedererkannt. Bisschen grauer ist er geworden, seine Stirnfalten sind etwas tiefer, sonst ist er aber ganz der Alte. Trotzdem, er wirkt auf mich bedrückt. Ob alles bei ihm klar sei, will ich wissen. Er schweigt, schaut lange zu Boden und stöhnt dann: „Mann, Mann."

„Erzähl schon, Junge, raus damit", animiere ich ihn. Er mache sich Sorgen, seufzt er.

„Du bist doch nicht krank?", frage ich ihn besorgt. Nein, gar nicht, meint er, es sei noch viel schlimmer.

„Bitte?" Ich bin entsetzt. Er schaut mich betrübt an und sagt: „Alter, ich kann mir keine Witze mehr merken." Das gibt's doch nicht. Er, der größte Witzeerzähler aller Zeiten, der Meister der humoristischen Erzählkunst, kann sich keine Witze mehr merken?

„Erzählt mir jemand einen Witz – kurz danach habe ich ihn vergessen", jammert er.

Ich sage: „Na, das wollen wir doch mal testen: Kommt 'n Mann ins Farbengeschäft und fragt: ‚Haben Sie Hodenlack?' ‚Hodenlack?', fragt der Verkäufer ungläubig. ‚Ja', sagt der Mann, ‚mein Arzt hat gesagt, mein Cholesterinspiegel sei zu hoch, ich solle die Eier streichen.'"

Genau sein Humor, ich wusste es! Er lacht sich kaputt.

„Den merke ich mir", sagt er begeistert, nachdem er wieder Luft bekommt.

„Tu das", antworte ich, „also, auf bald, wir sehen uns."

Er dreht sich noch mal um: „Du, wie war noch mal der Witz?" – „Welcher Witz?", frage ich.

PRETTY THINGS

DAS PUBLIKUM WIRD unruhig. „Beginn: 20 Uhr" ist bereits um zwanzig Minuten überschritten. Endlich dimmt der Veranstalter das Licht im Saal und 500 Menschen raunen erwartungsvoll. Fast alle um die siebzig Jahre alt, Männer mit silbernen Haaren – etliche davon mit Treueschnitt der 60er-Jahre –, andere vom Verlust derselben gezeichnet. Ein paar ältere Damen im Groupie-Look einer glorreichen Musikepoche und mit schimmernder Feuchtigkeitscreme im Gesicht sind auch darunter. Und dann kommen sie auf die Bühne: The Pretty Things! Drei alte, leicht gebeugte Herren – zwei davon Originalmitglieder der Stammband – und zwei junge Musiker, Bass und Schlagzeug, quasi frisches Blut in alten Adern. Ich denke darüber nach, was wohl aus den anderen Musikern geworden ist. Vermutlich züchten sie längst Tomaten oder sind im Heim – oder einfach schon tot. Alles möglich. Rockmusiker leben gefährlich, zumindest ziemlich ungesund. Besonders die Pretty Things wirkten seinerzeit nicht wie Fanfaren der Heilsarmee.

Nach 50 (in Worten: fünfzig!) Jahren sehen wir uns also wieder, Phil May und Dick Taylor. Guten Abend, die Herren! Ich bin zutiefst berührt. Mein ältester Sohn auch, er steht neben mir. Ihm und seiner Freundin habe ich es zu verdanken, dass ich hier, seit fast einer Stunde mit meinem Bierglas, eingeklemmt zwischen lauter erwartungsvollen Menschen, mittendrin stehe. Die Eintrittskarte war ihr Weihnachtsgeschenk für mich. Sie

wollten mir damit die Freude machen, nach so langer Zeit die Band mal wiederzusehen, bei der ich – wie ich so oft geschwärmt hatte – einst als Trommler mit meiner Berliner Rockband im Vorprogramm spielte. Das war ... ach, egal.

Es ist eng und heiß und dampft nach Rock 'n' Roll – alles wie früher. Nur tat mir damals noch nicht der Rücken so weh. Ich schaue mich immer wieder um, einerseits, um diese unglaubliche Realität zu erfassen, andererseits, um zu schauen, ob ich nicht ein paar bekannte Gesichter entdecke. Ein ziemlich hoher Anspruch, im Gesicht eines Siebzigjährigen den zwanzigjährigen Kumpel aus den glorreichen Tagen des Rock 'n' Rolls wiederzufinden. Den anderen geht es genauso, spüre ich. Wir sind wie eine große Familie, fest verbunden in wildesten

Erinnerungen und Gefühlen, die in ihrer ganzen Intensität einem Außenstehenden unmöglich zu vermitteln sind. Das ist halt das Gesetz jeder persönlichen Biografie. Und da ist noch was: Wir stehen alle vor der verblüffenden Erkenntnis, dass wir ziemlich grau geworden sind. Genau wie die betagten Kerle da oben. Schluck.

Sie legen los. Ist das die Musik, die mich damals so unvergesslich durchgeschüttelt hat? Wahrhaftiger als alle Beatles und Rolling Stones? Ist sie das? Sie ist handwerklich perfekt, kommt mir aber seltsam zahm vor. Und das liegt nicht nur an ihren weißen Hemden, Krawatten und schwarzen Jacketts (die sie nur anhaben, um sie wieder so schnell wie möglich abzulegen), nein, ich vermisse etwas.

Die beiden Maracas, die Rasseln (in meiner alten Band nannten wir sie immer „Elefanteneier"), ein altes Markenzeichen Dick Taylors, empfinde ich auch nicht mehr so sündhaft geschwollen wie früher. Und schütteln tut er sie auch viel weniger. Fehlt ihm die Kraft? Dass ich das so empfinde, tut mir richtig weh. Ich will meine alten musikalischen Halbgötter wiederhaben. Ich will auch nicht, dass im Kopf meines Sohnes womöglich die Erkenntnis wächst, dass diese Kerle in der goldenen Zeit seines Vaters auch nur mit Wasser gekocht haben. Das wäre nicht gerecht. Aber er zeigt noch keine Anzeichen von Enttäuschung, im Gegenteil, er hört konzentriert zu und wirkt von den alten Rockern angetan. In den Passagen, wo sie richtig Tempo machen und von Mundharmonika und Taylors Maracas getrieben werden (siehste, geht doch!), erreicht mich nun etwas. Ich fange tatsächlich an, mich diskret rhythmisch zu bewegen. Leute, macht weiter, macht weiter, langsam werdet ihr wieder zu meinen geliebten Pretty Things. Mein Blutdruck steigt und die letzten Testosteronreserven erwachen aus ihrem Ruhestand. Sie spielen da oben jetzt „Big Boss Man"! Herrlich! Wo sind die Weiber?

Phil May mit seinem kahlen Schädel und der dicken Brille, der, ohne einmal den Kopf zu heben, so konzentriert auf seine Saiten schaut, als hätte er Angst sie nicht zu finden, sieht aus wie ein Opa mit steifem Gitarrenhals, klingt aber wie ein Zwanzigjähriger. Der Wahnsinn! Ja, ich erinnere mich mehr und mehr. Alte Bilder flackern auf und verschwinden wieder. Ich will jetzt so gerne zurück nach damals, tue mich aber leider immer noch ein bisschen schwer. Was hab' ich erwartet? Dass sich die alten Kerle ihre Rheumawäsche vom Leib reißen und ihren Zahnersatz in die Menge werfen?

Es ist immer noch stark, was sie da oben über zwei Stunden abliefern, auch wenn sie von zwei jungen Pflegekräften musikalisch gestützt werden. Da sitzen andere in ihrem Alter längst auf der Parkbank oder pullern ins warme Thermalbad.

Nach dem Auftritt geben die alten Jungs noch Autogramme und verkaufen ihre Platten. Ich gebe mir lieber die Kante, quatsche leutselig jeden an und hau vom Alkohol enthemmt mein bis dahin wohlgehütetes Geheimnis raus: „Jetzt mal ohne Scheiß, hab' mal in Berlin mit ihnen im Vorprogramm gespielt." Das berührt niemanden. Mich kennt deswegen immer noch keiner. Jeder hegt und pflegt seine heiligen Erinnerungen und Erlebnisse. Vielleicht war die viel zu Blonde da in der Ecke mal mit Phil in der Kiste?! Sie lächelt so verloren. Auf mein Coming-out

antwortet mir am Tresen ein weißhaariger Typ: „Ich hatte 'n Schlaganfall." Ich verstehe nicht ganz, was das mit den Pretty Things zu tun hat, außer, dass es ihm vielleicht bei einem ihrer Auftritte passiert wäre. Nein, flüstert mir sein ihn betreuender Freund ins Ohr, das käme vom vielen Alkohol, sein Kumpel hätte gesoffen wie ein Loch. Er bereue nichts, ergänzt der Weißhaarige, er sei mit sich im Reinen, hätte alles erlebt und „wenn Schluss ist, ist halt Schluss." Irgendwie logisch, denke ich, will aber im Moment mit meinem rockigen Pulsschlag nicht übers Sterben sprechen. Lieber über die Liebe, wie Sonny und Cher, die neben mir stehen – jedenfalls sehen beide so aus. Sie mit Stirnband und einer Blume im Haar, er mit Schnauzbart. Das Konzert war für sie offensichtlich wie eine Zeitmaschine und sie verweilen, sich zärtlich streichelnd, noch ein bisschen in den Sechzigern. Als sie gehen, rufe ich ihnen augenzwinkernd „Schönen Abend noch!" hinterher. Sie zwinkern zurück.

Das alles war gestern. Zurück aus Hamburg, treffe ich heute auf unserer Dorfstraße Dieter, den Uhrmacher, der heimlich ein alter Rocker ist. Nach Feierabend schlüpft er in seine alten Lederhosen und Boots, nimmt seine Gitarre und geht zum Üben. „Halt dich fest! Rate mal, wo ich gestern Abend war?", frage ich ihn. Er braucht immer etwas länger, ist halt ein Nordfriese. „Bei den Pretty Things!", platze ich raus. „Sagt mir nichts", antwortet er lakonisch. Wie kann ein Leben bloß so ärmlich sein?!

Der junge Keith Richards bei der Handleserin

HÖRT, HÖRT!

Wie alt man geworden ist, sieht man an den Gesichtern derer, die man jung gekannt hat.
Heinrich Böll

Glück ein Leben lang? Niemand könnte es ertragen: Es wäre die Hölle auf Erden.
George Bernard Shaw

Erfolg im Leben ist etwas Sein, etwas Schein und sehr viel Schwein.
Philip Rosenthal

Ich möchte ewig leben. Und sei es nur, um zu sehen, dass die Menschen in hundert Jahren dieselben Fehler machen wie ich.
Winston Churchill

Die Summe unserer Erkenntnis besteht aus dem, was wir gelernt, und aus dem, was wir vergessen haben.
Marie von Ebner-Eschenbach

Zum Glück blieb mir nichts erspart.
Franz Schuh (Wiener Philosoph), zu seinem 70sten Geburtstag

Das Gute am Älterwerden ist, dass
man nicht jung gestorben ist.

Senta Berger

Man altert innerlich viel langsamer, als
es der Körper nach außen hin tut.

Farin Urlaub

Man muss schon sehr lange
leben, um jung zu werden.

Pablo Picasso

Was die Zeit dem Menschen an Haar
entzieht, das ersetzt sie ihm an Witz.

William Shakespeare

I hope I die before I get old.

Pete Townshend
(Gitarrist der Rockband The Who)

Wie gut man gelebt hat, sieht man
an seinen Arztrechnungen.

Peter Butschkow

HABEN SIE GELACHT?

GESTERN SCHRIEB MIR ein Mann, er hätte sich ein Buch von mir gekauft und überhaupt nicht gelacht. Ich war total beleidigt und bin sofort zu ihm ins ferne Süddeutschland gefahren, um ihn zur Rede zu stellen.

Er wohnt in einer kleinen Stadt. Ich fragte auf der Straße eine Frau nach dem Mann, der über meinen Humor nicht lachen kann. Sie erkannte mich sofort und sagte, sie fände meine Zeichnungen große Klasse, sie hätte sogar einige meiner Cartoons über ihrem Bett hängen. Ihr Mann jedoch, flüsterte sie mir ins Ohr, wäre ein großer Fan von Uli Stein.

„Das kann durchaus mal passieren", sagte ich. Dann zeigte sie mir den Weg zu dem Mann, der über meine Cartoons nicht lachen kann.

Ich klingelte an seiner Tür. Ein hagerer Typ mit Brille öffnete und fragte: „Ja, bitte?"

„Sie sind der Mann, der über meinen Humor nicht lachen kann?", fragte ich.

„Exakt", antwortete er.

„Sie machen mir Spaß. Ich gebe in meinem Buch wirklich alles, um Sie zum Lachen zu bringen", jaulte ich.

„Tut mir leid", sagte er, „ich konnte nicht lachen."

„Ihre Frau?"

„Auch nicht", antwortete er.

„Die Kinder?"

„Haben keine", sagte er.

„Gut, dass Sie sich nicht vermehrt haben", fauchte ich und ging zurück zu meinem Auto, dabei stolperte ich über einen Gartenschlauch und fiel lang hin. Er lachte sich schlapp.

„Ich hab' Sie zum Lachen gebracht!", jubelte ich.

„Aber voll!", rief er und bat mich fröhlich ins Haus. Seitdem steht mein Auto nach jedem neuen Buch vollgetankt im Carport ...

LAPPANs ÜBERLEBEN-Reihe
von Peter Butschkow

ISBN 978-3-8303-4366-0

ISBN 978-3-8303-4367-7

ISBN 978-3-8303-4337-0

ISBN 978-3-8303-4375-2

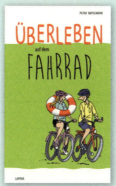

ISBN 978-3-8303-4374-5

ISBN 978-3-8303-4391-2

ISBN 978-3-8303-4387-5

ISBN 978-3-8303-4388-2

ISBN 978-3-8303-4392-9

L A P P A N . D E

Peter Butschkow,
… wurde 1944 in Cottbus geboren und ist damit ein ausgewiesener Fachmann in Sachen 70. Geburtstag. Täglich wundert er sich aufs Neue über den Zauber des Älterwerdens. Sein Lebensmenü: Humor, Arbeit und Bewegung. Dazu ein frisch gezapftes Bier.

2. Auflage 2018

© 2017 Lappan Verlag in der Carlsen Verlag GmbH, Oldenburg/Hamburg

ISBN 978-3-8303-4409-4

Alle Rechte vorbehalten. Das Werk darf – auch teilweise – nur mit Genehmigung des Verlages wiedergegeben werden.

Texte und Cartoons: Peter Butschkow
Herstellung | Gestaltung: Monika Swirski

Druck und Bindung: Balto Print

Printed in Lithuania

www.lappan.de